ONDE E QUANDO NÓS MORREMOS

Riad Gahmi

ONDE E QUANDO NÓS MORREMOS

Comédia política, sombria e de direita

Tradução de Grupo Carmin

Cobogó

A descoberta de novos autores e novas dramaturgias é a alma do projeto artístico que estamos desenvolvendo em La Comédie de Saint-Étienne desde 2011. Defender o trabalho de autores vivos e descobrir novas peças teatrais significa construir os clássicos de amanhã. Graças ao encontro com Márcia Dias, do TEMPO_FESTIVAL, e à energia dos diferentes diretores dos festivais que compõem o *Núcleo*, nasceu a ideia de um *pleins feux* que permitirá associar oito autores franceses a oito autores brasileiros e traduzir, assim, oito peças inéditas de cada país no idioma do outro; no Brasil, publicadas pela Editora Cobogó.

Na França, o Théâtre national de la Colline (Paris) e o Festival Act Oral (Marselha) se associaram à Comédie de Saint-Étienne para dar a conhecer oito peças brasileiras e seus autores.

Romper muros e construir pontes para o futuro: essa é a ambição deste belo projeto que se desenvolverá ao longo de dois anos.

Arnaud Meunier
Diretor artístico
La Comédie de Saint-Étienne,
Centre dramatique national

SUMÁRIO

Sobre a tradução brasileira, por Grupo Carmin 9

ONDE E QUANDO NÓS MORREMOS – COMÉDIA POLÍTICA, SOMBRIA E DE DIREITA 11

Sobre a Coleção Dramaturgia Francesa, por Isabel Diegues 81

Intercâmbio de dramaturgias, por Márcia Dias 85

Plataforma de contato entre o Brasil e o mundo, por Núcleo dos Festivais Internacionais de Artes Cênicas do Brasil 87

Sobre a tradução brasileira

O processo de tradução nos obriga a mergulhar no universo do autor para tentar entender melhor seus anseios artísticos com a obra. A violência das palavras e imagens propostas por Riad em seu texto é um grito preso que nos impacta numa sequência de cenas explosivas e pulsantes. A primeira leitura que fizemos da peça *Onde e quando morremos – Comédia política, sombria e de direita* foi um soco no estômago. Palavras densas, situações extremas, discursos políticos que criam ao mesmo tempo um teatro do absurdo, do político e do real. O universo de *banlieue* em conflito com o da burguesia esquerdista francesa nos impele a fazer uma associação direta com os conflitos da sociedade brasileira, traduzida muitas vezes por um duelo: favelas x burguesia.

Os conflitos propostos por Riad são universais e, muitas vezes, recheados de polaridade – direita x esquerda – que ora regurgitam uma série de discursos vazios sobre violência, religião, política, imigração, ódio a países subdesenvolvidos. Toda essa miscelânea de temas contemporâneos colocada em cena forma um grande quadro surreal.

Traduzir a peça de Riad é refletir sobre as angústias, que também são temas nas peças do Grupo Carmin. Falar de quem está à margem da sociedade, tomar o discurso para si; assumir o lugar de protagonista de sua própria história, de seu povo e do seu tempo é uma urgência que nosso teatro pede. Riad faz isso com humor, sarcasmo e muita ironia.

Nós, que somos do Nordeste do país, conhecemos bem as questões xenófobas e racistas abordadas por Riad em sua peça. Embora estejamos vivendo realidades, *a priori*, bem distintas no Brasil e na França, as inquietações/provocações do autor refletem os temores que assolam a nossa geração, o nosso tempo.

E o tempo, agora, é de sacudir o espectador, levar para a cena altas doses de vida, transformar o palco em campo de batalha, ainda que nossas armas sejam apenas as palavras de nossos corpos em ação. Portanto, prepare sua cabeça e proteja seu estômago, porque o soco é forte!

Grupo Carmin

ONDE E QUANDO NÓS MORREMOS

Comédia política, sombria e de direita

de **Riad Gahmi**

PERSONAGENS

KARIM

VICTOR

MARIE

GENERAL

VIZINHO

ATOR

ATRIZ

CORRETOR DE SEGUROS

Sala de um apartamento burguês, noite. Porta de acesso ao jardim, porta de acesso ao pátio. Ao fundo, uma porta de entrada. Karim, jovem árabe de periferia. Ele circula pela sala.

KARIM: Merda de pobre.

Pausa

Vou dar uma puta duma cagada na mesinha de centro.

Pausa

Nem uma puta sequer – te estupro e bato punheta no teu cabelo e na boquinha a minha merda.

Karim ri.

Minha bostona na tua boca.

Karim sobe na mesa de centro, abaixa a calça e urina no sofá.

Bostona na tua boca sujando teus dentes brancos.

Karim ri.

Tô com caganeira.

Karim desce da mesa de centro.

Tu nem disse amém.

Pausa.

Imbecil. Nem posso mais sentar.

Karim se veste.

Vou beber.

Karim se dirige a um móvel ao fundo e abre-o.

Yessss!

Karim tira uma garrafa de uísque, abre-a e toma uma golada. Depois, ele arranca um quadro da parede. Senta no sofá.

Filho da puta... sacana... merda... merda!

Porra cheia do meu mijo nas costas e no cu!
BOSTA!

Pausa. Karim tira a roupa e fica somente de cueca. Sai pela porta do jardim.

Smoking.

Barulho de um zíper. Pausa.

Vem ver o papai.
Vem ver teu papai.
Vem chupar o pirulito do papai.

Karim entra pela porta do jardim vestindo um terno.

Um espelho.

Pausa. Karim volta-se em direção ao sofá e apanha a garrafa do chão.

Porra. A metade derramada...

Pausa.

Você, putinha, vendida pelo smoking?

Karim apanha o quadro do chão.

>Bom dia, mamãezinha.
>Cê é boa – bota meu pau na boca e fala o abecê.

Pausa

>Puta.

Pausa.

>Qual a marca?

Karim tira o paletó e procura a etiqueta.

>Pobres.

Karim veste o paletó e continua a explorar o cômodo.

>Puta cagada na mesinha de centro...

Marie entra pela porta do jardim. Karim pula de susto.

MARIE: Que cheiro é esse? Urina?
KARIM: Quê?
MARIE: Você urinou no sofá?

KARIM: Quê?

MARIE: Você urinou no sofá?

KARIM: Não.

MARIE: Você pode recolher suas roupas?

KARIM: Não.

Pausa

MARIE: Você urinou nas próprias roupas?

KARIM: Não.

MARIE: Por que urinou nas próprias roupas?

KARIM: Não mijei nas minhas roupas.

Pausa

MARIE: Você urinou no sofá.

KARIM: É, eu mijei no teu sofá.

MARIE: Então você realmente urinou no sofá?

KARIM: Fiquei em cima da mesa e fiz desenho com meu mijo no teu sofá.

MARIE: O que você desenhou?

KARIM: Cala a boca.

Pausa

MARIE: Você não está gostando da nossa conversa?

KARIM: Quê?

MARIE: Eu gosto do nosso diálogo.

Pausa

KARIM: Cê é a mina no quadro?

MARIE: Perdão?

KARIM: Você na foto?

MARIE: Sou eu.

KARIM: Tava escondida debaixo da cama?

MARIE: Não.

KARIM: Tu num tava lá.

MARIE: Você não me disse o que desenhou no sofá.

KARIM: Vai chamar a polícia?

MARIE: Por quê?

KARIM: Como assim, por quê?

MARIE: Eu não gostava mais desse sofá.

KARIM: Ele tá novo.

MARIE: Ele vira cama também.

KARIM: É um sofá-cama.

MARIE: É.

KARIM: Ele é bom, teu sofá-cama.

MARIE: Obrigada.

Pausa

KARIM: Tu é casada?

MARIE: Eu tenho um companheiro.

KARIM: Smoking dele?

MARIE: É.

KARIM: Peguei emprestado.

MARIE: Ele lhe cai bem.

KARIM: Cê acha?

MARIE: Ele lhe cai muito bem.

KARIM: Ele tá onde?

MARIE: Victor? Ele está na cozinha.

KARIM: Não.

MARIE: Como não?

KARIM: Não tá na cozinha.

MARIE: Victor?

Victor entra pela porta do pátio

MARIE: Eu nem sequer perguntei o seu nome.

KARIM: Karim.

MARIE: Eu te apresento Karim.

VICTOR: Você vai jantar conosco?

MARIE: Ele vai.

Pausa

VICTOR: Que cheiro é esse? Urina?
MARIE: Karim urinou no nosso sofá.
VICTOR: Por quê?
MARIE: Karim fez um desenho com a urina no nosso sofá.

Pausa

VICTOR: Por que desenhou com urina no nosso sofá?
MARIE: Victor!
VICTOR: O que foi que eu disse?
MARIE: Deixa ele.
VICTOR: Eu me importo com ele.
MARIE: Você está apontando o dedo.
VICTOR: Eu não estou apontando o dedo.
MARIE: De todo modo, nós já pretendíamos trocar de sofá.
VICTOR: Mas eu não ligo que ele tenha urinado em nosso sofá.
MARIE: Então, não falemos mais sobre isso.
VICTOR: Eu estou demonstrando meu interesse por ele.
MARIE: Você está magoando ele.
VICTOR: É verdade que eu te magoei?

KARIM: Não.

VICTOR: Eu não o magoei.

MARIE: Como se ele fosse responder que sim.

VICTOR: Você faz esse drama por não estar à vontade.

MARIE: Eu estou muito à vontade.

VICTOR: Não está.

MARIE: Eu estou muito à vontade.

VICTOR: Parece que não.

MARIE: Nós tivemos uma ótima conversa, Karim e eu, um pouco antes de você chegar. E nós só a tivemos exatamente porque eu estava à vontade. Ele sentiu isso e, portanto, confiou em mim.

Pausa

VICTOR: Eu peço desculpas.

MARIE: No entanto, no início, Karim estava desconfiado. Estou enganada, Karim?

VICTOR: Eu já me desculpei.

Silêncio.

MARIE: Você é casado?

KARIM: Não.

VICTOR: A comida está no fogo.

MARIE: Então vá.

Victor sai pela porta do pátio. Pausa.

KARIM: Vou cair fora.

Karim se dirige à porta de entrada.

MARIE: Você já vai embora?

Karim destranca a porta e tenta abri-la. A porta não se abre.

KARIM: Porra.

Karim insiste com a maçaneta até que ela se quebra em sua mão.

MARIE: Você quebrou a maçaneta da porta.

KARIM: Não abre.

MARIE: É normal, já que você acaba de quebrar a maçaneta.

KARIM: Mas não abria.

MARIE: Mas é claro que abria.

KARIM: Não abria.

MARIE: Aproveite, então, para ficar para o jantar.

KARIM: Por onde sai?

MARIE: Por essa porta.

KARIM: Abre ela.

MARIE: Eu não posso abri-la, pois você acaba de quebrar a maçaneta.

KARIM: Vou arrombar tua porta, sua puta. Abra.

Pausa. Ele dá socos fortes na porta. Victor aparece à porta do pátio.

VICTOR: Algum problema?

MARIE: Karim quebrou a maçaneta da porta.

VICTOR: Não se preocupe, Karim. Não importa.

MARIE: Ele tem razão, não importa.

VICTOR: Nós compraremos uma nova.

MARIE: Ele está furioso.

VICTOR: Por causa da maçaneta?

MARIE: Ele está furioso com ele mesmo por causa da maçaneta.

KARIM: Merda.

MARIE: Karim?

KARIM: Caralho de porta.

MARIE: Nós não estamos aborrecidos com você por ter quebrado a maçaneta.

VICTOR: Nem um pouco.

MARIE: Eu já tinha avisado a Victor que estava com defeito. Já faz muito tempo que deveríamos ter consertado a maçaneta – estava com defeito.

VICTOR: Nós realmente sentimos muito por isso.

MARIE: Nós procrastinamos.

Pausa

VICTOR: E então... merda!

Victor sai pela porta do pátio e retorna com uma maleta.

VICTOR: Eu vou te dar um cheque agora mesmo.

Victor tira um talão de cheques da maleta.

VICTOR: Você mesmo preencherá com o seu nome e a quantia.

Victor assina um cheque e entrega-o a Karim.

VICTOR: E não se incomode de forma alguma com a quantia.

Karim pega o cheque.

VICTOR: Estamos quites?

Pausa

Formidável. É realmente um prazer tê-lo conosco.

Victor sai pela porta do pátio. Silêncio.

KARIM: Não me conhecem.

MARIE: É verdade.

KARIM: Eu mijei no teu sofá.

MARIE: Você fez o que precisava fazer.

KARIM: No teu sofá.

MARIE: Você fez o que precisava fazer com esse sofá.

Pausa

KARIM: Eu mijei no teu sofá, porra!

MARIE: É necessário que eu também urine no chão para que você pare com essa história do sofá?

KARIM: Eu assaltei teu barraco.

MARIE: Se você dispusesse dos meios de que nós dispomos, você não teria necessidade de "assaltar meu barraco", como você diz. Quantos irmãos e irmãs você tem?

KARIM: Filho único.

Pausa

MARIE: Não há nada de vergonhoso em ter uma grande quantidade de irmãos e irmãs.

Pausa

KARIM: Sou filho único.

Pausa

MARIE: Como você quiser.

Pausa. Barulho de uma campainha que toca. Victor entra rapidamente pela porta do pátio e sai pela porta do jardim. Silêncio. Victor entra pela porta do jardim com um senhor bem idoso agarrado aos braços, o general. Eles atravessam o cômodo em direção à porta do pátio.

MARIE: Meu general.

Victor e o general saem pela porta do pátio. Pausa.

MARIE: Você é muito bonito.

Pausa

KARIM: É o smoking.
MARIE: Victor fica ridículo nesse terno.

Pausa

As mocinhas safadinhas com quem você se deita todos os dias só se aborrecem com os próprios prazeres sem saber. Elas estão demasiadamente cheias das besteiras que suas velhas mães frustradas lhes contam. Mães que as lançariam ao inferno, aliás, ao saber que suas preciosas filhas têm mais tesão que elas.

Pausa

Nós somos malvadas, mas nós somos mais malvadas ainda quando não há ninguém que nos dê umas boas palmadas na bunda – ou eu estou enganada?

Pausa

Você gostaria de beber alguma coisa? Uísque?

Marie vai procurar dois copos. Karim serve os dois copos. Marie senta-se no sofá.

MARIE: O velho faz cocô quando termina o cochilo.

Pausa

Se você soubesse como eu gosto de imaginar o Victor com as duas mãos na merda dele...

Pausa

Então, ele volta todo sorridente aos braços do velho e destrói imediatamente o meu prazer: fiel como um cão, pleno de boas ações, absolutamente detestável. Você verá por si só. Você vai notar o sorrisinho dele, prestativo, uma babação até as pontas das orelhas. Você vai notar como as orelhas dele se mexem.

Pausa

Venha sentar-se perto de mim.

Victor e o general entram pela porta do pátio. Marie se levanta.

MARIE: E o cocô, meu general?

VICTOR: O general fez um belo cocô. Eu proponho que aplaudamos o general pelo seu belo cocô.

Victor e Marie aplaudem o general. Pausa.

VICTOR: Você percebe, Karim: este pobre homem não é mais capaz de fazer as próprias necessidades sozinho.

MARIE: É horrível.

VICTOR: Além da incontinência urinária... Eu o acompanho dia a dia, no mesmo horário, ao banheiro e o vigio enquanto ele defeca.

MARIE: É admirável.

VICTOR: Depois eu limpo suas nádegas, como limparia as de uma criança. Isso não me aborrece. Eu prefiro de longe ocupar-me eu mesmo a abandoná-lo aos cuidados de uma cuidadora. Cuidados que são sem humanidade, mecânicos, nada zelosos. Essas mulheres e esses homens nos limpam as nádegas como limpam uma fábrica. Eu quero que ele sinta uma mão amiga, uma mão respeitosa, acolhedora. A morte que se aproxima já é fardo suficiente.

Quando penso que mandam nossos idosos para morrer... visto que os mandamos para morrer, por aí... nós afastamos a morte das nossas casas, nos recusamos a enfrentá-la em casa... Nessas instituições terríveis que nós chamamos de "lar de idosos"... isso me dá náusea. Hospícios, sem mais nem menos, sem lugar para a dignidade humana.

Um mundo que bane a velhice e a morte é um mundo perdido, sem ligação real com a vida. Eu o vejo, particularmente, como um exercício de meu próprio desaparecimento. E eu fico mais contente de estar em meio aos homens.

Este terno lhe cai muito bem. Melhor que em mim.

KARIM: Brigado.

VICTOR: O mundo vai de mal a pior. Nós nos afastamos pouco a pouco do essencial: o respeito, o amor altruísta, palavras que atualmente soam como insultos... a começar pelo respeito à nossa própria família, que é uma coisa ainda tão presente de onde você é e que eu admiro infinitamente.

Nós somos seguramente os melhores quando se trata de dar lição de moral, mas quando se trata de encarar a realidade... não há mais ninguém.

Marie sai pela porta do jardim. Pausa.

VICTOR: Os seus avós ainda estão vivos?

KARIM: Sim.

VICTOR: Eles moram com você?

KARIM: Não.

VICTOR: Claro... Eu imagino que você tenha vários irmãos e irmãs.

Pausa

Eu só tenho a ele e a Marie. Meus pais morreram quando eu ainda era criança e foi o general quem cuidou de minha educação. Você poderia me ajudar a sentá-lo nessa cadeira?

Karim e Victor apoiam o general e sentam-no sobre uma cadeira.

VICTOR: Isso são cintas para segurá-lo. Infelizmente parece uma camisa de força, mas era o único modelo.

Victor prende o general na cadeira.

VICTOR: Eu tenho certeza de que Marie deve ter falado dos meus problemas de ereção... é o que ela faz sempre.

Pausa

>Saiba que minhas ereções são completamente normais. Eu acordo e eu me deito ereto, tão viril e cheio de vitalidade quanto um adolescente.

Pausa

>Vou retornar à minha cozinha.

Victor sai pela porta do pátio. Silêncio. O general olha fixamente Karim. Pausa.

KARIM: Por que te chamam general, vovô?

Pausa

>Por que te chamam general?

Pausa

>Tô falando contigo.

Pausa

>Putinha surda. Serve pra nada.
>Olhe pra mim não... olhe não.

Pausa

> Vire esses olhos... vire esses olhos.
>
> Tu é cego? Surdo? Fala não?
> Serve pra nada.

Pausa

> Foder a boceta da mamãezona... como é que eu vou foder a boceta dela... quer olhar, seu velho, como vou mijar na boceta dela?

Pausa

> Cai fora. Olha pra outro lado. Tá olhando por quê? São tudo uns fodidos da porra.

Pausa

GENERAL: Seu macaquinho.

KARIM: Quê?

GENERAL: Macaco.

KARIM: Tu disse o quê?

GENERAL: Você, filho da puta, macaco.

Marie entra pela porta do jardim. Ela aproxima-se de Karim.

KARIM: Disse o quê?

MARIE: Quem?

KARIM: Velho otário.

MARIE: O general?

KARIM: Me chamou de macaco.

MARIE: O general não tem mais laringe. Eu duvido que ele tenha dito o que quer que seja.

KARIM: Me chamou de macaco!

Marie beija avidamente Karim. Pausa.

MARIE: Eu acreditava poder me satisfazer com essa vida para sempre, mas acabo de entender que não. Por que você não vem morar comigo?

Pausa. Victor surge pela porta do pátio.

VICTOR: Daqui a pouco poderemos ir à mesa.

Victor desaparece pela porta do pátio.

MARIE: Em vez disso nós dois voltaremos à nossa vida miserável.

Você ouviu a forma como Victor nos convida a sentar à mesa? Eu me submeto a essa voz melosa todo dia, do amanhecer ao anoitecer – essa execrável bondade há vinte anos.

Pausa. Marie põe a mesa.

MARIE: Não minta para si mesmo, Karim: você nunca vai ter o carro possante com o qual sonha, a casa com piscina, não terá muito mais que esse harém de putas cheias de cocaína. Você vai falhar na música, vai falhar na bandidagem e já é velho demais para o futebol.

Pausa

VICTOR: Estou chegando!
MARIE: Por favor, reflita, Karim.

Victor entra pela porta do pátio. Ele carrega um prato que coloca bem no centro da mesa. Victor e Marie sentam-se ao lado do general.

VICTOR: Por favor, sente-se.
KARIM: Sem fome.

Pausa

VICTOR: Algo não agrada na comida?
KARIM: Sem fome.

Pausa

VICTOR: Meu Deus, como sou estúpido...

MARIE: O que houve?

VICTOR: A carne não foi abatida como na tradição muçulmana.

MARIE: Claro que não...

Pausa

VICTOR: Eu vou cozinhar outra coisa... Vou fazer um pedido. O que você gostaria de comer?

KARIM: Nada.

VICTOR: Há um restaurante muito bom na rua que serve peixe. Não demoraria.

MARIE: Ótima ideia, é um restaurante excelente. Você gosta de peixe?

KARIM: Não.

VICTOR: Você não gosta de peixe?

Pausa

MARIE: Você poderia ter pensado nisso.

VICTOR: Eu sei.

MARIE: É muito constrangedor.

VICTOR: Por favor, me desculpe.

MARIE: É um homem de verdade, tem necessidades.

VICTOR: Eu posso tranquilamente pedir outra coisa.

MARIE: Então peça.

VICTOR: Você tem algum desejo em particular?

Pausa

Seja um pouco compreensivo, eu já estava cozinhando quando você chegou.

MARIE: Tenho certeza de que ele não está chateado com você.

VICTOR: Eu posso lê-lo nos olhos nesse instante.

Pausa

MARIE: Ou talvez ele esteja um pouco.

Pausa

VICTOR: Puta merda, já sei! Eu vou fazer agora mesmo um outro cheque!

MARIE: Ninguém se alimenta de cheques, Victor.

VICTOR: Para compensar, só enquanto a entrega não chega. Aceite, por gentileza.

Victor sai pela porta do pátio.

MARIE: Por favor, reflita, Karim.

Victor entra pela porta do pátio. Ele carrega a maleta, tira o talão de cheques, assina um cheque e o entrega a Karim.

VICTOR: Quites?

Karim pega o cheque.

KARIM: Só sem fome, seu idiota.

Silêncio.

VICTOR: Será que eu posso, ainda assim, propor que você se sente conosco?

Karim senta-se à mesa. Victor faz o mesmo. O general olha fixamente para Karim. Victor serve três pratos.

MARIE: Meu apetite acabou.

Pausa

VICTOR: Você não deveria dirigir-se a nós dessa maneira.
MARIE: Não comece com besteiras, por favor!
VICTOR: Não há necessidade alguma de ser grosseira, é tudo o que eu quero dizer.

MARIE: Eu acho que há boas razões para estar com raiva.

VICTOR: Eu já me desculpei, já pedi mil desculpas.

Eu cometi um erro, mas isso não justifica nem a violência verbal nem a falta de respeito.

MARIE: Compreendido.

VICTOR: Eu sou tolerante a muitos tratamentos, mas eu gostaria ao menos de ser respeitado na minha casa.

MARIE: Você e seu respeito...

Pausa

VICTOR: Eu e meu respeito?

MARIE: Nada.

Pausa

VICTOR: Eu e meu respeito?

MARIE: Você está causando um clima terrível!

VICTOR: Eu posso saber de onde surgiu essa exclamação? Ela parece vir de longe... de muito longe.

[*Pausa.*]

Eu posso saber quais são as suas queixas contra o respeito?

MARIE: Contra o respeito, nenhuma.

VICTOR: Somos dois, então!

MARIE: Podemos poupá-lo de nossas ceninhas de casal?

VICTOR: Não.

MARIE: Perfeito!

Marie se levanta da mesa e sai pela porta do jardim. Pausa.

VICTOR: Que comportamento digno!

Silêncio. Victor dá de comer ao general.

VICTOR: Coma, meu general.

O general tenta agarrar o garfo com a boca.

KARIM: Cair fora daqui.

VICTOR: Fique no seu lugar.

Pausa

KARIM: Tu disse o quê?

VICTOR: Eu disse para você ficar no seu lugar.

Pausa

Se você está imaginando que eu vou te deixar cuspir impunemente em nossa hospitalidade…

Pausa

Vocês são todos iguais, basta fazer a menor resistência que isso gera um colapso.

KARIM: Foder a vaca da tua mãe, filho da puta.

VICTOR: Minha mãe era uma mulher muito virtuosa, eu lhe asseguro.

E sem dizer que ela recebeu a melhor educação possível. Ela pelo menos cresceu respeitando as regras. Hoje, nós consideramos a autoridade somente como uma série de intimidações e vexames, o que é um equívoco, é um capricho muito perigoso do liberalismo. A autoridade é a estrutura necessária sem a qual o indivíduo acredita na confusão, na ignorância dos princípios cívicos, morais e éticos mais elementares. Minha mãe teve a oportunidade de escapar a essa desintegração de valores, e eu ouso dizer que eu também.

É necessário dizer que ao que lhe diz respeito as coisas se complicam a partir de agora. À degeneração ocidental une-se o desenraizamento, o choque, a exclusão da qual sua mãe foi vítima. A miséria, o marido violento, o pai ausente, as múltiplas gravidezes, as desilusões, a rejeição, o estigma... No seu lugar, quem não teria desistido?

Como homem de esquerda, acredito no determinismo social tanto quanto nos perigos de um capitalismo sem proteção. Então, aos meus olhos você é somente a vítima de uma espiral infernal – embora politicamente instrumentalizada. Neste país, nós cultivamos conscientemente as suas frustrações e a sua miséria intelectual, porque nós temos a necessidade de que você não creia nas suas chances de ter qualquer sucesso – a não ser pela violência ou pelo tráfico de drogas. E o seu maior engano é o de pensar em si mesmo como banido de nossa sociedade, pois, na realidade, vocês são os maiores dominados pelas iscas do capitalismo, ao mesmo tempo que uma das engrenagens cruciais da estratégia capitalista: ao mesmo tempo consumidores desenfreados e produtos de consumo, digeridos sem cessar e sem cessar regurgitados. De um ponto de vista mercantil, a assimilação de vocês é um triunfo perfeito – além de ser catalisadora dessa cólera social manifestada pela extrema direita. Como vocês respondem à injustiça por meio da degradação, como vocês restam prisioneiros desse mecanismo perverso, vocês acabam por conhecer o mesmo destino que seus pais conheceram: um futuro sem nenhuma outra perspectiva além da miséria ou da prisão.

Pausa

Você entendeu o que eu quero dizer, Karim?

Karim se joga em cima de Victor. Ao mesmo tempo, Marie entra pela porta do jardim.

Ela veste uma roupa de enfermeira em látex.

MARIE: Eu serei tua puta e de teus amigos, Karim. Eu viverei nua. Eu ficarei de quatro. Você poderá acabar com minha vagina, meu ânus, minha boca. Eu terei o sexo imberbe de uma menina. Colocarei implantes nas mamas, nas nádegas, nos lábios. Eu sucumbirei à anorexia. Terei o rosto da sua maior fantasia, e de outra, e ainda de outra. Eu me fantasiarei de ninfeta, de enfermeira, de secretária, de estrangeira, de cortesã. Farei esporte para manter a forma. Vou perseguir minha gordura nos menores detalhes. Tirarei o útero. Teu desprezo pelo meu sexo não será nada diante do desprezo que eu te inspirarei no futuro, cada vez maior, pelas mulheres. Eu estimularei tua violência, tua bestialidade, tua ira. Professarei culto à tua incultura. Eu confortarei tua preguiça, teu racismo, teu antissemitismo congênito. Eu beberei teu vômito do mundo, tuas frustrações, tuas fodas.

Eu existirei somente para ter teu sexo ereto em minha boca. Eu comerei tua merda como um milagre do refinamento.

Pausa

VICTOR: Que fantasia ridícula é essa?

MARIE: Você... seu impotente!

Pausa

VICTOR: Eu não sou impotente.

MARIE: Seu pica mole.

VICTOR: Isso é mentira.

MARIE: Você fode mal! E quando eu tenho a sorte que você me foda com a pica mole uma vez a cada dois meses, eu ainda tenho direito a ouvir uma

sessão de gracinhas, pedidos de desculpas e
até de lágrimas – é de vomitar!
Minha boceta não é tua terapia!

Pausa

VICTOR: Como você ousa?

MARIE: A partir de agora eu vou dar com vontade várias vezes ao dia.

Pausa

VICTOR: Mas como você pôde?

MARIE: Oh, cale um pouco essa boca... mijão!

Pausa.

VICTOR: Eu não te deixarei manchar a mulher em minha presença.

MARIE: Olhem o herói que não deixará a mulher ser manchada em sua presença... um buraco para esconder sua cabeça! Na minha idade, eu com um corpo firme e a boceta apertada de uma donzelinha – admire um pouco essa boceta –, toda desperdiçada.

Marie levanta o vestido e deixa aparecer seu sexo. Pausa.

VICTOR: Nem Karim gostaria de uma degradação dessas.

MARIE: Ah, as grandes palavras, os grandes discursos... dedo-duro de merda.

Pausa

VICTOR: Que você disse?

MARIE: Dedo-duro de merda!

VICTOR: Peça desculpas agora mesmo.

MARIE: Não.

VICTOR: Apresente-me suas desculpas!

MARIE: Será que eu faltei com o respeito?

VICTOR: Não vá muito longe, Marie.

MARIE: Você e o seu respeito miserável...

VICTOR: Eu tenho respeito por você!

MARIE: E como você tem!

Pausa

VICTOR: Você vai tirar essa fantasia horrível agora mesmo e eu cuidarei de esquecer o que acabei de ouvir.

Marie se aproxima de Victor e cospe em sua cara. Pausa.

VICTOR: Eu esquecerei isso também.

MARIE: Viadinho.

Pausa

VICTOR: Você não é essa pessoa.

MARIE: Karim, o que você acha de comer meu cu aqui em cima da mesa?

Pausa

KARIM: Yes.

MARIE: Perfeito.

Marie e Victor se olham.

VICTOR: Você nunca faria uma coisa dessas.

Marie se apoia contra a mesa e se curva, o rosto voltado para o general.

MARIE: Enraba, Karim!

Pausa. Karim vem, coloca-se por trás de Marie. Silêncio.

MARIE: O que você está esperando?

KARIM: O velho.

MARIE: Quem?

KARIM: Me olha.

MARIE: Então olhe para meu cu!

KARIM: Tá.

MARIE: Entre no meu cu!

KARIM: Tá, porra.

MARIE: Tu tá num sótão estuprando uma menor com teus amigos!

Victor sai pela porta do pátio. Pausa.

MARIE: AI, ASSIM!

Karim e Marie gemem. Victor entra pela porta. Ele tem uma panela nas mãos. Victor acerta Karim, que cai no chão.

MARIE: O que você fez?

Victor acerta Marie com a panela, que também cai no chão. Pausa. Victor urina na cara de Marie. Silêncio. Victor solta o general.

VICTOR: De pé.

O general se levanta com dificuldade. Victor prende Karim, arrasta-o até a cadeira, senta-o e amarra-o com as cintas. Silêncio. Victor senta-se no sofá, pega o controle e liga a TV.

Uma novela.

ATOR: Nosso amor.

ATRIZ: Nossos filhos.

ATOR: Quantos?

ATRIZ: Quantos tiver.

ATOR: O mundo em migalhas.

ATRIZ: O céu em fogo.

ATOR: Nosso abrigo.

ATRIZ: Alimento em abundância.

ATOR: Cravado em mil metros de gelo.

ATRIZ: Nossa abóbada celeste.

ATOR: Um homem que agoniza no alto.

ATRIZ: Observa-nos.

ATOR: Seus intestinos se esvaziam sobre as calotas de gelo.

ATRIZ: É o interior do homem. É vermelho.

ATOR: O homem murmura baixinho.

ATRIZ: Posso ler o que ele diz.

ATOR: O quê?

ATRIZ: Ele diz que possui um machado.

ATOR: Quem lhe deu?

ATRIZ: Ele diz que vai rachar o gelo.

ATOR: Quem lhe deu um machado?

ATRIZ: Você.

ATOR: Eu?

ATRIZ: É o que ele diz.

ATOR: Provável.

ATRIZ: Ele disse que te conhece.

ATOR: Ele me conhece?

ATRIZ: É o que ele diz.

ATOR: Então que ele diga meu nome.

ATRIZ: Ele diz: meu pai.

ATOR: Seu pai?

ATRIZ: E eu sua mãe.

ATOR: Diga-lhe que nós o amamos.

ATRIZ: Nós te amamos, filho.

ATOR: Será que ele ouviu?

ATRIZ: Não sei.

ATOR: É importante que ele escute a mãe.

ATRIZ: Nós te amamos, filho.

ATOR: Mais alto.

ATRIZ: Nós te amamos, filho.

ATOR: Mais baixo.

ATRIZ: O gelo se quebra.

ATOR: Precisava gritar tão forte?

ATRIZ: Pra que ele me escutasse.

ATOR: Agora o gelo está rachando.

ATRIZ: Ele está dando machadadas.

ATOR: Larga esse machado, filho.

ATRIZ: Ele bate com o machado.

ATOR: Larga esse machado, filho.

Pausa

ATRIZ: Ele está morto.

ATOR: A lâmina cortou seu intestino.

ATRIZ: Será que somos cruéis?

ATOR: Nós temos medo.

ATRIZ: De quê?

ATOR: Do ar envenenado.

ATRIZ: Envenenado? Por qual veneno?

ATOR: Nosso hálito.

MARIE: Você mijou em mim?

Victor desliga a TV, agarra Marie pelos cabelos e a arrasta pelo chão. Victor e Marie saem pela porta do jardim. Pausa. O general sai pela porta do pátio. Pausa. O general entra pela porta do pátio e se senta ao lado de Karim. Ele segura um acendedor de gás.

GENERAL: Sou completamente capaz de cagar sozinho, mas Victor insiste em me limpar. Aliás, esse imbecil não perde a chance de cheirar os dedos.

KARIM: Você vai me desamarrar?

GENERAL: Não.

Pausa

KARIM: Ah, vá lá, desamarra aqui, vovozinho.

GENERAL: Você é feio. Eu sou um velho esteta.

KARIM: Eu só quero voltar pra casa, vovô.

O general liga o acendedor de gás no rosto de Karim.

KARIM: Caralho, isso arde...

Novamente.

KARIM: Caralho, para com isso...

Novamente.

KARIM: Eu vou voltar e foder sua mãe com meus neguin!

GENERAL: Pode voltar com quantos pretos você quiser, meu garoto, eu já vi muitos. Mas, por enquanto, você não vai a lugar nenhum.

Pausa

Eu tenho poucas oportunidades de palavrear, entendeu? Eu vivo amordaçado nesta casa como se eu fosse a peste em pessoa. Meu neto só me abriga aqui com a condição de que eu me cale na presença de Marie. Eu gostaria, é claro, de me distrair com um pintor, um literato, mas azar o meu...

Victor é um asno, mas pelo menos não é ingrato. Ele me dá casa, lençóis limpos e eu não preciso brigar pelas torradinhas de pão. Adoro torrada. E quando ela não está aqui, nós conversamos de vez em quando.

Eu sou como um pesadelo que ele tinha quando era criança, um pesadelo vergonhoso, com uma pitada de erotismo perverso. A cabeça quer esquecer, o sexo quer lembrar.

Pausa

Na minha idade, só restam fantasmas, os pesadelos morrem juntos com os sonhos. Isso e minha cabeça que sai da terra como um velho campanário.

Sou um homem que não esconde as rugas: todos esses pontífices que se humilham pra pregar o amor, eles só têm língua para lamber cus, ou para se morder.

Os covardes não amam, eles têm medo.

KARIM: Não sou um covarde.

GENERAL: Ah, não?

KARIM: Não sou um covarde.

GENERAL: E o que você é, meu garoto?

KARIM: Sou um homem do bem.

GENERAL: Você é um homem do bem?

KARIM: Me desamarra.

GENERAL: E o que eu ganho te desamarrando?

KARIM: Nada.

GENERAL: Você não tem nada para me oferecer em troca?

KARIM: Não.

GENERAL: Você tem uma coisa.

KARIM: Não tenho nada.

GENERAL: Você tem muito ódio, meu garoto.

KARIM: Tenho muito ódio.

GENERAL: Ótimo.

KARIM: Tenho muito ódio.

GENERAL: Então compartilhe, derrame um pouco desse ódio. Eu gostaria que a gente falasse sinceramente uma única vez.

KARIM: Não sei como.

GENERAL: Com a língua!

Pausa

KARIM: Filho da puta.

GENERAL: Mais ainda.

KARIM: Filho da puta de merda!

GENERAL: Quem?

KARIM: Quem o quê?

GENERAL: Seja mais claro.

KARIM: Você, seu filho da puta de merda!

GENERAL: Ainda?

KARIM: Burguês escroto! Eu como teus ossos.

GENERAL: Estou ficando com sono, meu rapaz.

KARIM: Vou te foder! Não sou seu palhaço! Me pague! Quer um espetáculo? Então pague! Quer que eu dance? Pague! Quer que eu faça a dança do ventre... não sou seu fantoche!

GENERAL: Claro que você é meu fantoche.

KARIM: Não sou seu fantoche, seu fodido!

Você acha que sou gentil? Você acha que vou ficar amarrado toda minha vida nesta cadeira? Acha que tenho medo de ir pra cadeia? Tô me cagando se vou parar na cadeia.

Cai fora! Acha que sou imbecil?

Tá achando que tá na tua casa? Tá na minha casa. Tua cidade eu queimo todinha e ninguém escapa. Faz mais cheques pra mim que nem conta no banco eu tenho. Minha grana eu mesmo consigo. Eu vou te foder só por te foder mesmo. Por nada.

GENERAL: Hum.

Pausa

KARIM: Me desamarra que eu vou quebrar sua cara!

O general desamarra Karim e se senta novamente. Silêncio.

GENERAL: Me sinto mais vivo com seu ódio, meu rapaz. Eu os teria pego com ou sem fuzil – os judeus, os árabes: com ódio.

Durante a guerra, um punhado de resistentes que caíram em cima dos alemães sujos não se derreteram de amor por judeus: eles só desejavam ficar puros e serem mestres de si próprios. A História distribui as medalhas: quem mata, quem salva, quem é um monstro ou um herói – é literatura. O bem é o pagamento cobrado dos vencidos e o ódio governa os humanistas. Nada mudou exceto a articulação.

Só resta a raça, exaltada em todo lugar, e que eles querem apagar das páginas da Constituição, só resta a raça e a escala.

São apenas salários vazios, grátis, que eles dão – sons para cobrir os gritos e amor para lavar as mãos. É tudo falso, nada mais.

Procura um pouco lá atrás e olha: se canta os massacres do bem, e se canta os linchamentos do bem – se guerreia por filantropia – que piada!

Um morto é um morto, mesmo que seja esmurrado pelos direitos humanos. Ou são sempre os seus que são assassinados sob louvores. Muito isso, muito aquilo e nada de liberdade. Na verdade, vocês são apenas muito cinza.

Pronto, a reconciliação: nosso ódio um pelo outro, sem monopólio, nosso racismo generalizado. Não tem esse negócio de os brancos malvados de um lado e os semitas gentis do outro, árabes ou judeus, ou os bons negros. Todos cultuamos o sangue e a supremacia dos nossos.

Aqui você não está na sua casa. Você é a boa consciência dos bem-intencionados que só te toleram porque te detestam, para não confessarem que eles se adoram – um cachorro num canil que acha que é um lobo cuidando das ovelhas. Mas o ódio que sentem de você está bem na língua que eles te ensinaram na escola, e que você fala miseravelmente.

Você é um fantoche útil, quer você queira, quer não, o divertimento de uma multidão feliz de assistir ao espetáculo de um cachorro raivoso que nunca poderá morder nada além do próprio rabo.

Com essas palavras, Karim se transforma em uma criatura com cabeça de cachorro e corpo de homem, pula sobre o general e arranca-lhe o rosto tão facilmente como se fosse um rosto de cera.

Ao mesmo tempo, escutamos Victor urrando. Pausa. Marie entra pela porta do jardim. Ela ostenta o pênis ensanguentado de Victor na mão.

MARIE: Ele foi castrado!

Victor entra se arrastando atrás de Marie. Ele está sem calças e segura a virilha.

VICTOR: Eu te imploro, Marie, devolva meu...

Victor e Marie percebem a cena. Pausa.

MARIE: Eu sabia.

VICTOR: Meu Deus, meu general...

MARIE: Eu sempre soube.

VICTOR: O que você fez com ele?

MARIE: É um monstro.

VICTOR: Você comeu o rosto dele...

Marie devora o sexo de Victor.

VICTOR: Cuspa imediatamente meu pênis!

Pausa. Marie vomita fortemente no chão. Victor se joga para alcançar o sexo estraçalhado, pega-o com delicadeza e sai pela porta do jardim. Silêncio.

MARIE: Pare de me olhar.

Pausa

Eu já volto. Vou me limpar.

Pausa

Eu acho que um pênis acabou de sair da minha boca.

Pausa

Você já assistiu ao espetáculo do açougueiro martelando um pedaço de carne branca?

Pausa

Um dia um ator se enfiou com tanta força na garganta de uma atriz que ela vomitou nas pernas dele todinha... Está sentindo cheiro de urina?

Pausa

Tenho pele embaixo das unhas.

Pausa

Este peito não é meu, é o peito de outra. Eu nunca tive um sinal ao redor do mamilo.

Pausa

Na minha opinião, a natureza profunda de uma mulher se exprime através do orgasmo.

Pausa

Eu não sou frígida.

E, aliás, em termos de direito da mulher, a adesão das muçulmanas às práticas pornográficas representa um avanço considerável, particularmente quando escolhem usar o véu islâmico.

Pausa

Eu faço o seu tipo? Você está excitado? Será que você se dá conta de que eu sou a única forma de você ascender socialmente? Você está excitado? Eu realmente preciso que alguém me coma que nem um animal. Você vai ficar aí sem fazer nada por muito tempo?

Pausa

Eu não preciso, literalmente, que alguém me coma que nem um animal – eu não sou um animal. Mas é meu direito. É até mesmo um dever quando se fala em direitos: mulher frígida. É um paradoxo. Não existe frigidez em mim, o que existe é sua incompetência e sua moleza.

Pausa

Este país deve redirecionar sua produtividade!

Pausa

Este peito não é meu. Você sabe de quem é esse peito? Este peito perturba a harmonia dos meus seios. Você me acha indecente?

Pausa

Eu recuso o terrorismo falocrata imposto às mulheres muçulmanas. Mesmo quando uma mulher muçulmana afirma que tem a liberdade de ser uma mulher muçulmana... é mentira.

Pausa

Você gostaria de comer o seio? Quero dizer, literalmente comer o seio?

Pausa

QUANDO É QUE VOCÊ VAI RESOLVER ME USAR?

Victor entra pela porta do jardim. Ele está usando uma fralda como curativo e segurando um fuzil. Karim se afasta.

VICTOR: Seu ingrato!

MARIE: Mata ele.

VICTOR: Sujo...

MARIE: Mata ele agora.

Pausa

VICTOR: Esse homem é infeliz.

MARIE: Me dá aqui esse fuzil.

VICTOR: Me conta como foi sua infância infeliz.

MARIE: Me dá aqui essa arma.

VICTOR: O inferno da cidade-dormitório.

MARIE: Você é incapaz até de estuprar uma mulher meio inconsciente.

VICTOR: Eu juro que eu tentei.

MARIE: Porque fui eu que te pedi.

VICTOR: Mas, afinal, por quê?

MARIE: Como posso rivalizar com uma adolescente mamando ejaculação facial? Nos dias de hoje uma adolescente de 13 anos é mais desavergonhada do que eu... Eu sou uma velha, imbuída dos vestígios dessa horrorosa moral judaico-cristã: essas jovens são livres, elas colherão os frutos maduros do mundo civilizado. Eu fui jogada de lado.

VICTOR: Eu pelo menos urinei no seu rosto.

MARIE: E eu acreditei... eu realmente acreditei.

VICTOR: Eu prometo te estuprar com a coronha deste fuzil e milhares de outros objetos contundentes.

MARIE: Sério?

VICTOR: Eu prometo.

MARIE: Me perdoa por ter comido seu penisinho.

VICTOR: É a ordem natural das coisas, eu respeito.

GENERAL: Eu acho que estou mijando nas calças.

VICTOR: Não se preocupe, general, eu passarei um pano no chão.

MARIE: E esse velho fala?

VICTOR: Quanto ao seu rosto, eu conheço um ótimo cirurgião plástico.

MARIE: Ele fala?

VICTOR: ME EMOCIONE, KARIM.

MARIE: Desde quando ele tem laringe?

VICTOR: Acredita em mim, era questão da higiene política dessa casa, Marie.

GENERAL: Vou voltar a dormir.

O general se levanta e sai pela porta do jardim.

KARIM: Vai fazer o quê? Nada!

VICTOR: Eu não te desejo mal.

KARIM: Eu te desejo mal.

VICTOR: Claro que não.

KARIM: Tenta entender... impossível pra você, né?

VICTOR: Porque você é bom.

KARIM: Quer chorar? Quer meus olhos pra chorar? Tenho uma bela vida, seu merda. Quer entender? Tem nada pra entender.

VICTOR: Você negligencia a influência do seu meio sociocultural.

KARIM: Vai tomar no cu.

VICTOR: Você não tem culpa.

Karim se aproxima de Victor. Victor atira para o alto e fura o teto. Karim fica imobilizado.

VICTOR: Sua vida é detestável e você só não tem meios necessários de analisar da maneira certa, os meios intelectuais de compreender que você a detesta.

Você sofreu injustiças, você sofreu violências ordinárias, você sofreu opressão policial, você sofreu com a herança colonial, você sofreu frustração social e sexual, você sofreu com a precariedade, você sofreu com a insalubridade, você sofreu com a discriminação, você sofreu com o desemprego, você sofreu com a falta de perspectiva no futuro... você sofreu!

Você precisa de ajuda e nós te daremos, ponto final. Assim você terá a assistência total e curatorial voluntária, você será responsável no dia em que nós acharmos que você pense de maneira responsável.

Eu não vou deixar você cuspir em toda sua comunidade fingindo que tem uma vida boa – sobre sua pobre mãe que batalhou por mais de 30 anos para oferecer a você e seus irmãos uma vida confortável. Eu te proíbo de refletir como um vagabundo egoísta de colarinho branco... e de direita!

Victor cai em lágrimas. Pausa.

MARIE: Você é maravilhoso, Victor!

VICTOR: Obrigado.

MARIE: Você transborda empatia.

VICTOR: Eu sou um universalista.

KARIM: Sou filho único, porra!

VICTOR: Talvez você até seja filho único, mas para um filho único originário da África do Norte, quantas outras numerosas famílias, Karim?

MARIE: Você não tem o direito de pensar excluindo a minoria da qual visivelmente faz parte. Sua natureza é solidária, todo mundo sabe.

Um rosto aparece pelo buraco do teto.

VIZINHO: Vocês são idiotas ou o quê? Vocês quase me arrancaram um olho.

VICTOR: Me desculpe.

VIZINHO: Precisarão substituir meu piso rapidamente. Agora tem que trocar todo o piso.

VICTOR: Nós faremos o necessário o mais rápido possível pelo seu piso.

VIZINHO: Como assim, farão o necessário o mais rápido possível? É agora que deve fazer o necessário.

VICTOR: Nós estamos no meio de uma conversa extremamente importante.

VIZINHO: E eu tenho um buraco desse tamanho no meio da minha sala, então eu só fico calmo depois que você ligar para seu seguro agora.

VICTOR: Agora?

VIZINHO: Admito que isso me deixa mais seguro.

MARIE: Nós pedimos desculpa pelo incômodo. Eu vou cuidar disso imediatamente.

VICTOR: Muito gentil da sua parte.

Marie procura o telefone, remexe nos papéis e digita um número. Pausa.

MARIE: Está na música de espera, não deve demorar muito.

VIZINHO: Coloque então no viva-voz.

Marie aciona o viva-voz do telefone. Música de espera telefônica.

VIZINHO: Pronto, é sempre a mesma escrotidão diabólica que colocam a gente para esperar. Essas músicas são desanimadoras demais, você não concorda comigo?

MARIE: Com certeza.

VIZINHO: Você é enfermeira, minha senhora?

MARIE: Não exatamente.

VIZINHO: Pois você deveria, já que está vestindo muito bem o uniforme.

MARIE: Gentileza sua.

VIZINHO: Já aconteceu comigo de ficar 45 minutos pendurado pra no final eles desligarem sem eu poder reclamar com ninguém. O que não lhes impede de diminuir a espera dos outros. Agora me diga por que se irritar desligando quando demoram mesmo, nem é certeza que tem alguém do outro lado da linha.

Vocês não estão sentindo um cheiro de urina?

VICTOR: Eu não gostaria de parecer desagradável, mas estamos no meio de uma conversa extremamente importante nesse momento.

VIZINHO: E eu tenho um bueiro no meio da sala, uma coisa bem inconveniente, então seja gentil e aguarde o corretor de seguros desligar, eu garanto que ficarei mais tranquilo.

MARIE: Não se preocupe, senhor, nós esperaremos o tempo que for necessário. Estamos tentando simplesmente resolver uma pequena disputa.

VIZINHO: Ele está usando uma fralda?

VICTOR: Efetivamente, eu estou usando uma fralda. Na prontidão foi a primeira coisa que achei, portanto, sim, estou usando uma fralda.

VIZINHO: Você está de acordo que não é muito comum.

VICTOR: Eu acho que o senhor não está entendendo a importância do que está acontecendo agora.

VIZINHO: Tudo que estou vendo é que um palhaço usando fralda furou o meu piso. Com todo o respeito. Agora a minha sala fede a esgoto.

MARIE: Vamos tentar nos acalmar, por favor.

VIZINHO: Fique feliz que eu ainda não chamei a polícia, porque essa festinha aqui não está me parecendo nada católica.

VICTOR: Pois que bom, porque aqui ninguém é católico.

VIZINHO: Dá pra ver. Deixa eu te perguntar uma coisa: ele não tem língua, esse peludão de terno?

KARIM: Vai se foder com o seu "peludão".

MARIE: Karim!

KARIM: Vai se foder você também!

VICTOR: Ninguém vai se foder aqui, Karim!

KARIM: Vai se foder com fralda e tudo.

VIZINHO: O que o árabe aí falou?

A música de espera para.

CORRETOR DE SEGUROS: Alô?

VICTOR: Não tem nenhum "árabe" aqui, o que temos é apenas um cidadão proveniente das minorias.

VIZINHO: Só que, na minha casa, gato é gato, senhor comuna.

KARIM: Eu quero que se fodam você e seu gato.

MARIE: Karim!

VIZINHO: Vou ligar pra polícia e não vai dar certo.

CORRETOR DE SEGUROS: Alô? Alô...?

VICTOR: Não tem nada que eu odeie mais do que xenófobos.

VIZINHO: Mas não é possível que você queira me insultar em minha própria casa.

VICTOR: Quero! Aliás, pessoas como você não têm mais espaço dentro de uma democracia!

VIZINHO: Não me diga!

CORRETOR DE SEGUROS: Alô?!

VICTOR: Eu exijo que o senhor apresente suas desculpas imediatamente a essa pobre criança. O racismo é um crime neste país, Senhor Fascista.

VIZINHO: Mas olha só! Eu já votava na esquerda antes mesmo da burguesa da sua mãe enfiar a primeira fralda orgânica no seu rabo.

VICTOR: Eu lhe proíbo de instrumentalizar minha mãe.

VIZINHO: Você deveria, acima de tudo, não fazer as pessoas inferiores de idiotas. Eu não vou deixar ninguém cagar em cima de mim, principalmente um maometano desses daí, com o pretexto de redimir sua consciência com um bando de trapaceiros – nem tentem me distrair, senhoras e senhores comunistinhas broxas da baixa da égua! Filhinhos de papai! Neste país vocês são iguais a um castrado numa orgia, seus capitalistas reprimidos! Agora para tocar o canto das idiotices mundiais vocês são interminavéis, mas pra sair da fossa da cultura mundana, quando não somos viados, nem céticos, nem refugiados, por vocês a gente pode apodrecer com a cara no chão.

MARIE: Não é possível que ainda escutemos coisas horrorosas como essas! Fique sabendo que a homossexualidade é um índice de civilização.

VIZINHO: Exatamente o que eu disse: com vocês é melhor ser um africano gay do que um africano morto de fome.

MARIE: O que eu sei, meu senhor, é que precisamos de mais pessoas como nós para barrar discursos como esse do senhor – completamente movidos pelo ódio.

VIZINHO: Só que neste país são pessoas como eu que se ferram, senhora duquesa.

MARIE: Pois bem, fique aí com seus pensamentos arcaicos! E não espere receber de mim o mínimo sinal de empatia.

VIZINHO: Talvez se eu enfiasse uma ou duas plumas no meu cu eu conseguiria arrancar-lhe pelo menos uma lágrima?

MARIE: Pelo menos o senhor experimentaria um pouco de refinamento.

VIZINHO: Ah, é isso? Eu vou lhe mostrar como sou um cara bem refinado.

O vizinho se levanta e urina pelo buraco no teto.

MARIE: Espécie de porco imbecil!

CORRETOR DE SEGUROS: Alô?

O vizinho alcança Marie com um jato de urina.

MARIE: FRANCÊS IMUNDO!

VICTOR: Marie!

Pausa.

MARIE: Me diga que eu não disse o que eu acabei de dizer.

VICTOR: Você falou sem pensar.

VIZINHO: Agora, sim, uma satisfação!

KARIM: Vai se foder com seu sanduíche de presunto.

VIZINHO: E de dois!

VICTOR: Eu me sinto totalmente fora do controle dessa situação.

MARIE: Eu disse, sim.

VICTOR: Você não disse.

VIZINHO: Você disse, sim.

MARIE: Eu desprezo esse bando de caipiras ignorantes e atrasados.

VIZINHO: Aleluia!

VICTOR: Você também não disse isso.

MARIE: O que é a França, Victor? Uma ideia morta à qual somente os nacionalistas perturbados de cabeça raspada se agarram: racistas, homofóbicos, antissemitas, e assim por diante. Toda essa panelinha de conspiradores e negacionistas, todos esses degenerados covardes e obcecados pela cabala judaico-maçônica, antiglobalistas, antiamericanos e antidemocratas. Esse é o seu grande povo: um consórcio onde floresce todo tipo de retrógrado e parasita paranoico, imundos descrentes até a ponta dos cabelos, tarados por identidade, esses saudosistas das cidades gaulesas, que sonham em enfiar suas irmãs e primas em um palheiro. Viva a orgia, desde que seja entre família!

Nós não somos franceses, nós somos democratas e esses caipiras são os inimigos da democracia, inimigos do socialismo democrata. É a sombra rasteira do nazismo disfarçado em bons sentimentos.

VIZINHO: Ah, bom, era o que faltava! E soem os violinos! Não precisa nem de uma toga e de sandálias de couro para já sair por aí latindo em grego, armada de seus dedo-duros.

VICTOR: O que você disse?

VIZINHO: Você e suas besteiradas democráticas.

VICTOR: Peça desculpas imediatamente!

VIZINHO: Não! Eu conheço de cor esse seu joguinho, todas suas grandes tiradas matinais do humanismo do meu cu! Falsos sacerdotes, putas, tartufos! Vocês e seus amigos de jornalecos esquerdistas, esses guardas de companhia! Os guardiões do templo! E que os caceteie com grandes porradas de liberdade de expressão: Ah, que sacrossanto! Sejam livres para adorar a merda! Taí a solução mundial para a crise: mostrar seu pau ou peidar num programa de TV! Evangélicos ateus! Câncer intelectual! E quanto mais somos incultos e idiotas, mais somos geniais. Em compensação, para os senhores e senhoras persistentes, abram seus guarda-chuvas que lá vem a tempestade de apelidos. Enchem a boca para chamar os outros de "antissemita", "complotista", "paranoicos", e te fazem de alegre atalho em direção ao lixo do pensamento único. Comigo, não! Vocês não me farão engolir essa pílula do clientelismo democrata e bem-vestido, um ovo no Qatar e outro em Israel, acrobatas! Está todo mundo de quatro abrindo a bunda, a favor ou contra a gente! Seja esquerda, seja direita, é a mesma briga!

Não basta ficar brandindo seu álibi multiculturalista. Estou me fodendo pro seu protegidinho. Você não passa de um esconderijo de miséria, meu pobre garoto. Você não passa de um cuzão que só serve pra passar manteiga no pão deles. Você é apenas um vaso, seu idiota! Uma urna funerária da política, uma boa garantia para se fazer de surdo e se manter aquecido. Você tá plantado aí como um sinal vermelho da coragem e da inteligência. Tô me fodendo pra sua fé, todas as suas posturas de virgem antirracista amedrontado não valem nem um cortejo: é a careta da burguesia em cima de um trono, é o seu interior solidário que se rompe inventando uma nova consciência, é o marketing para os imbecis! Ah, o belo carimbo, a divina tolerância! Então sejam tolerantes, camponeses, não faremos nada a não ser jogá-los na latrina das grandes finanças.

Vocês são soldadinhos, é tudo que vocês são, atiradores da subcultura fixados nas igrejas camufladas de teatros! Que se foda sua grande missa de sete horas, suas afetações de puta desvirginada toda noite, suas subversões de agentes publicitários! Que se foda seu mascote de pacto social, o árabe monstro de feira barulhento, todos esses palhaços do serviço de imigração com suas coreografias de sapateado! Que se foda seu crepe de trigo orgânico, sua cabeça dura com dois capacetes, salafitas malvados ou gentis estrangeiros – quando cair a cortina somos eu e você que levaremos tomates na cara, árabe! Tá entendendo?

Então taí, sociais-democratas: vendedores de legumes para pobres que vão para os troncos, burgueses folgados dentro de um poço de chorume de ódio social, banhistas do grande capitalismo perfumados com molho sagrado.

Pausa

VICTOR: Eu lhe proíbo de me insultar de dedo-duro!

MARIE: Não se rebaixe a lhe responder.

VICTOR: Ninguém brinca com isso sob o meu teto.

VIZINHO: Só que eu estou na minha sala, senhor dedo-duro.

VICTOR: Eu não sou um dedo-duro!

O general entra pela porta do jardim. Ele veste um uniforme de oficial da milícia.

GENERAL: Vou fazer cocô.

O general atravessa a sala e sai pela porta do terraço. Pausa.

VIZINHO: É bom demais pra ser verdade.

MARIE: Me diga que é só uma piada sem graça, por favor.

VICTOR: Já estou chegando para lhe dar uma mão, meu general.

MARIE: Victor?

VICTOR: Vou te explicar.

Victor entrega o fuzil a Marie e sai pela porta do terraço. Marie aponta a arma para Karim.

VIZINHO: É isso que eu chamo de ter coragem com suas opiniões.

MARIE: Você é um cuspe na cara do republicano ideal.

VIZINHO: Mas eu não abrigo um membro da Gestapo na minha gaveta de meias.

MARIE: Você acha bonito utilizar um velhinho senil para apoiar suas invenções, é bem o nível de suas pertinentes análises políticas: ideias rasas fundamentadas na podridão intelectual. Só que não serão seus rugidos irresponsáveis que irão reabsorver a dívida pública.

VIZINHO: Aí está o grande final do baile dos escrotos!

MARIE: Sim, nós somos alunos exemplares da Europa e nós temos orgulho disso!

VIZINHO: É uma ótima nota, dez bons pontos e um caderno de imagens.

Pausa

E grande merda...

Vizinho abaixa as calças e defeca violentamente pelo buraco do teto em cima de Marie.

VIZINHO: Um Prêmio Nobel da Paz! Com minhas felicitações!

KARIM: Na sua boca.

Pausa. Marie retira devagar uma boina de seu vestido, deixando sair seu seio, e ergue o fuzil. Vemos a imagem da Marianne ensopada de excrementos.

MARIE: EU SOU A LIBERDADE GUIANDO O POVO.

Marie atira no vizinho. Pausa.

MARIE: Sinta-se feliz de não morrer na Grécia.

Victor entra com um estrondo pela porta do terraço. Ele segura um rolo de papel higiênico.

VICTOR: Tá tudo bem?

KARIM: Eu não fiz nada. Não fui eu.

MARIE: Eu tenho certeza de que esse mamilo não me pertence.

VICTOR: Você está cheia de merda.

MARIE: A não ser que esteja com câncer na glândula.

VICTOR: Calma, vai dar tudo certo, eu tenho aqui justamente papel higiênico.

Victor pega o fuzil das mãos de Marie.

VICTOR: Por favor, Karim, ajude um pouco.

Victor entrega o fuzil a Karim e vai ajudar Marie.

MARIE: Você é tão atencioso.

VICTOR: Como alguém pode sujar uma beleza dessas?

MARIE: Vai dar tudo certo, Victor.

KARIM: Não vou fazer porra nenhuma! Nem sonhando vocês vão me foder!

CORRETOR DE SEGUROS: Se me permitem, nós temos um pacote "responsabilidade civil e vida privada" com preços bem acessíveis.

KARIM: Só que eu num tô nem aí pro seu pacote porque eu não fodi ninguém!

Gotas de sangue começam a escorrer do teto.

MARIE: É vermelho.

VICTOR: É sangue.

KARIM: Foi o outro vagabundo quem bateu as botas!

MARIE: Será que ele morreu?

VICTOR: Sim.

KARIM: Vocês não vão me fazer de palhaço, seus fudido. Eu sou um cara do bem e vocês não vão me fazer de bobo!

MARIE: Saiba que eu assumo toda a responsabilidade, Victor.

VICTOR: E você pode contar comigo para te visitar toda semana na prisão.

MARIE: Vou agora mesmo me entregar e confessar tudo.

KARIM: Não venha cagar em mim! Não sou uma latrina! Se você cagar em mim eu fumo sua mãe!

MARIE: Estou pronta para pagar minha dívida com a sociedade.

VICTOR: Que assim seja.

Victor e Marie saem pela porta do jardim.

KARIM: Vocês acham que só porque não tenho faculdade vocês vão me ferrar a vida? Eu tenho tudo que preciso! Tenho uma arma, um cigarro e duas bolas!

Pausa

Eu tô armado que nem um gangsta!

Silêncio.

Ah, o que vão fazer?

Silêncio.

Ah, vamos lá, vão fazer o quê?

Pausa

CORRETOR DE SEGUROS: Então, o seguro, não vão mesmo querer?

KARIM: Porra, cala sua boca com essa merda de seguro.

Karim desliga o telefone. Silêncio. De repente alguém bate na porta. Pausa. Karim se aproxima discretamente e olha no olho mágico.

KARIM: Filhos da puta...

Karim sai correndo pela sala. Vemos no chão, escrito em sangue: KARIM ME MATOU.

GENERAL: Acabei. Alguém pode me limpar?

Sobre a Coleção Dramaturgia Francesa

Os textos de teatro podem ser escritos de muitos modos. Podem ter estrutura mais clássica, com rubricas e diálogos, podem ter indicações apenas conceituais, podem descrever cenário e luz, ensinar sobre os personagens ou nem indicar o que é dito por quem. Os textos de teatro podem tudo.

Escritos para, a princípio, serem encenados, os textos de dramaturgia são a base de uma peça, são o seu começo. Ainda que, contraditoriamente, por vezes eles ganhem forma somente no meio do processo de ensaios ou até depois da estreia. Mas é através das palavras que surgem os primeiros conceitos quando uma ideia para o teatro começa a ser germinada. Bem, na verdade, uma peça pode surgir de um gesto, um cenário, um personagem, de uma chuva. Então o que seria o texto de uma peça? Um roteiro da encenação, um guia para os atores e diretores, uma bíblia a ser respeitada à risca na montagem? O fato é que o texto de teatro pode ser tudo isso, pode não ser nada disso e pode ser muitas outras coisas.

Ao começar as pesquisas para as primeiras publicações da Coleção Dramaturgia, na Editora Cobogó, em 2013, fui apresentada a muitos livros de muitas peças. Numa delas, na página em que se esperava ler a lista de personagens, um espanto se transformou em esclarecimento: "Este texto pode ser encenado por um ou mais atores."

Que coisa linda! Ali se esclarecia, para mim, o papel do texto dramático. Ele seria o depositório – escrito – de ideias, conceitos, formas, elementos, objetos, personagens, conversas, ritmos, luzes, silêncios, espaços, ações que deveriam ser elaborados para que um texto virasse encenação. Poderia esclarecer, indicar, ordenar ou, ainda, não dizer. A única questão necessária para que pudesse ser de fato um texto dramático era: o texto precisaria invariavelmente provocar. Provocar reflexões, provocar sons ou silêncios, provocar atores, provocar cenários, provocar movimentos e muito mais. E a quem fosse dada a tarefa de encenar, era entregue a batuta para orquestrar os dados do texto e torná-los encenação. Torná-los teatro.

Esse lugar tão vago e tão instigante, indefinível e da maior clareza, faz do texto dramático uma literatura muito singular. Sim, literatura, por isso o publicamos. Publicamos para pensar a forma do texto, a natureza do texto, o lugar do texto na peça. A partir do desejo de refletir sobre o que é da dramaturgia e o que é da peça encenada, fomos acolhendo mais e mais textos na Coleção Dramaturgia, fazendo com que ela fosse crescendo, alargando o espaço ocupado nas prateleiras das livrarias, nas portas dos teatros, nas estantes de casa para um tipo de leitura com a qual se tinha pouca intimidade ou hábito no Brasil.

Desde o momento em que recebemos um texto, por vezes ainda em fase de ensaio – portanto fadado a mudanças –, até a impressão do livro, trabalhamos junto aos autores, atores, diretores e a quem mais vier a se envolver com esse processo a fim de gravarmos no livro o que aquela dramaturgia demanda, precisa, revela. Mas nosso trabalho segue com a distribuição dos livros nas livrarias, com os debates e leituras promovidos, com os encontros nos festivais de teatro e em tantos outros palcos. Para além de promover o hábito de ler teatro, queremos pensar a dramaturgia com os autores, diretores, atores, produtores e toda a gente do teatro, além de curiosos e apreciadores, e assim refletir sobre o papel do texto, da dramaturgia e seu lugar no teatro.

Ao sermos convidados por Márcia Dias, curadora e diretora do TEMPO_FESTIVAL, em 2015, para publicarmos a Coleção Dramaturgia Espanhola na Editora Cobogó, nosso projeto não apenas ganhou novo propósito, como novos espaços. Pudemos conhecer os modos de escrever teatro na Espanha, ser apresentados a novos autores e ideias, perceber os temas que estavam interessando ao teatro espanhol e apresentar tudo isso ao leitor brasileiro, o que só fortaleceu nosso desejo de divulgar e discutir a dramaturgia contemporânea. Além disso, algumas das peças foram encenadas, uma delas chegou a virar filme, todos projetos realizados no Brasil, a partir das traduções e publicações da Coleção Dramaturgia Espanhola. Desdobramentos gratificantes para textos que têm em sua origem o destino de serem encenados.

Com o convite para participarmos, mais uma vez, junto ao Núcleo dos Festivais Internacionais de Artes Cênicas, do projeto Nova Dramaturgia Francesa e Brasileira, com o apoio da Comédie de Saint-Étienne – Centre Dramatique National, do Institut Français e da Embaixada da França no Brasil, reafirmamos nossa vocação de publicar e fazer chegar aos mais diversos leitores textos dramáticos de diferentes origens, temas e formatos, abrangendo e potencializando o alcance da dramaturgia e as discussões a seu respeito. A criação do selo Coleção Dramaturgia Francesa promove, assim, um intercâmbio da maior importância, que se completa com a publicação de títulos de dramaturgas e dramaturgos brasileiros – muitos deles publicados originalmente pela Cobogó – na França.

É com a maior alegria que participamos dessa celebração da dramaturgia.

Boa leitura!

Isabel Diegues
Diretora Editorial
Editora Cobogó

Intercâmbio de dramaturgias

O projeto de Internacionalização da Dramaturgia amplia meu contato com o mundo. Através dos textos me conecto com novas ideias, novos universos e conheço pessoas. Movida pelo desejo de ultrapassar fronteiras, transpor limites e tocar o outro, desenvolvo projetos que promovem cruzamentos, encontros e incentivam a criação em suas diferentes formas.

Esse projeto se inicia em 2015 com a tradução de textos espanhóis para o português. Ao ler o posfácio que escrevi para a Coleção Dramartugia Espanhola, publicada pela Editora Cobogó, constatei como já estava latente o meu desejo de ampliar o projeto e traçar o caminho inverso de difundir a dramaturgia brasileira pelo mundo. Hoje, com a concretização do projeto Nova Dramaturgia Francesa e Brasileira, estamos dando um passo importante para a promoção do diálogo entre a produção local e a internacional e, consequentemente, para o estímulo à exportação das artes cênicas brasileiras. É a expansão de territórios e a diversidade da cultura brasileira o que alimenta meu desejo.

Um projeto singular por considerar desde o seu nascimento um fluxo que pertence às margens, às duas culturas.

A Nova Dramaturgia Francesa e Brasileira reúne o trabalho de dramaturgos dos dois países. Imaginamos que este encontro é gerador de movimentos e experiências para além de nossas fronteiras. É como se, através desse projeto, pudéssemos criar uma ponte direta e polifônica, cruzada por muitos olhares.

Como curadora do TEMPO_FESTIVAL, viajo por eventos internacionais de artes cênicas de diferentes países, e sempre retorno com o mesmo sentimento, a mesma inquietação: o teatro brasileiro precisa ser conhecido internacionalmente. É tempo de romper as fronteiras e apresentar sua potência e, assim, despertar interesse pelo mundo. Para que isso aconteça, o Núcleo dos Festivais Internacionais de Artes Cênicas do Brasil vem se empenhando para concretizar a exportação das nossas artes cênicas, o que torna este projeto de Internacionalização da Dramaturgia cada vez mais relevante.

O projeto me inspira, me move. É uma força ativa que expande e busca outros territórios. Desenvolver o intercâmbio com a Holanda e a Argentina são nossos próximos movimentos. O espaço de interação e articulação é potencialmente transformador e pode revelar um novo sentido de fronteira: DAQUELA QUE NOS SEPARA PARA AQUELA QUE NOS UNE.

Sou muito grata ao Arnaud Meunier por possibilitar a realização do projeto, à Comédie de Saint-Étienne – Centre Dramatique National, ao Institut Français, à Embaixada da França no Brasil, à Editora Cobogó, aos diretores do Núcleo dos Festivais Internacionais de Artes Cênicas do Brasil e a Bia Junqueira e a César Augusto pela parceria na realização do TEMPO_FESTIVAL.

Márcia Dias
Curadora e diretora do TEMPO_FESTIVAL

Plataforma de contato entre o Brasil e o mundo

Em 2015, o Núcleo dos Festivais Internacionais de Artes Cênicas do Brasil lançava, junto com a Editora Cobogó, a Coleção Dramaturgia Espanhola. No texto que prefaciava os livros e contava a origem do projeto, Márcia Dias, uma das diretoras do TEMPO_FESTIVAL, se perguntava se haveria a continuidade da proposta e que desdobramentos poderiam surgir daquela primeira experiência. Após três montagens teatrais, com uma indicação para prêmio,[*] e a produção de um filme de longa metragem, que participou de diversos festivais,[**] nasce um novo desafio: a Nova Dramaturgia

---

[*] *A paz perpétua*, de Juan Mayorga, direção de Aderbal Freire-Filho (2016); *O princípio de Arquimedes*, de Josep Maria Miró, direção de Daniel Dias da Silva, Rio de Janeiro (2017); *Atra Bílis*, de Laila Ripoll, direção de Hugo Rodas (2018); e a indicação na Categoria Especial do 5º Prêmio Questão de Crítica, 2016.

[**] *Aos teus olhos*, adaptação de *O princípio de Arquimedes*, com direção de Carolina Jabor (2018), ganhou os prêmios de Melhor Roteiro (Lucas Paraizo), Ator (Daniel de Oliveira), Ator Coadjuvante (Marco Ricca) e Melhor Longa de Ficção pelo voto popular no Festival do Rio; Prêmio Petrobras de Cinema na 41ª Mostra São Paulo de Melhor Filme de Ficção

Francesa e Brasileira. Esse projeto, que se inicia sob o signo do intercâmbio, dá continuidade às ações do Núcleo em favor da criação artística e internacionalização das artes cênicas. Em parceria com La Comédie de Saint-Étienne – Centre Dramatique National, Institut Français e Embaixada da França no Brasil, e, mais uma vez, com a Editora Cobogó, a Nova Dramaturgia Francesa e Brasileira prevê tradução, publicação, leitura dramática, intercâmbio e lançamento de oito textos de cada país, em eventos e salas de espetáculos da França e do Brasil.

Essa ação articulada terá duração de dois anos e envolverá todos os festivais integrantes do Núcleo. Durante o ano de 2019, os textos franceses publicados sob o selo Coleção Dramaturgia Francesa, da Editora Cobogó, percorrerão quatro regiões do país, iniciando as atividades na Mostra Internacional de Teatro de São Paulo (MITsp). A partir daí, seguem para o Festival Internacional de Teatro de São José do Rio Preto (FIT Rio Preto), Cena Contemporânea – Festival Internacional de Teatro de Brasília e Festival Internacional de Londrina (FILO). Depois, as atividades se deslocam para o Recife, onde ocorre o RESIDE_FIT/PE Festival Internacional de Teatro de Pernambuco e, logo após, desembarcam no Porto Alegre em Cena – Festival Internacional de Artes Cênicas e no TEMPO_FESTIVAL – Festival Internacional de Artes Cênicas do Rio de Janeiro. A finalização do circuito acontece no Festival Internacional de Artes Cênicas da Bahia (FIAC Bahia), em Salvador.

Brasileiro; e os prêmios de Melhor Direção no 25º Mix Brasil e Melhor Filme da mostra SIGNIS no 39º Festival de Havana.

Em 2020, será a vez dos autores e textos brasileiros cumprirem uma agenda de lançamentos no Théâtre National de La Colline, em Paris, no Festival Actoral, em Marselha em La Comédie de Saint-Étienne, na cidade de mesmo nome.

Confere singularidade ao projeto Nova Dramaturgia Francesa e Brasileira a ênfase no gesto artístico. A escolha de envolver diretores-dramaturgos para fazer a tradução dos textos para o português reconhece um saber da escrita do teatro que se constrói e amadurece nas salas de ensaio. Os artistas brasileiros que integram o grupo de tradutores são Alexandre Dal Farra, que traduz *J'ai pris mon père sur mes épaules*, de Fabrice Melquiot; Gabriel F., responsável por *C'est la vie*, de Mohamed El Khatib; Grace Passô, que traduz *Poings*, de Pauline Peyrade; a Jezebel de Carli cabe *La brûlure*, de Hubert Colas; Marcio Abreu se debruça sobre *Pulvérisés*, de Alexandra Badea; Pedro Kosovski faz a tradução de *J'ai bien fait?*, de Pauline Sales; Grupo Carmin trabalha com *Où et quand nous sommes morts*, de Riad Gahmi; e, finalmente, Renato Forin Jr. traduz *Des hommes qui tombent*, de Marion Aubert.

Outra característica do projeto é, ainda, a leitura dramatizada dos textos. Em um formato de minirresidência, artistas brasileiros, junto a cada autor francês, compartilham o processo criativo e preparam a leitura das peças. Cada um dos Festivais que integram o Núcleo apresenta o resultado desse processo e realiza o lançamento do respectivo livro. Será assim que as plateias francesas conhecerão *Amores surdos*, de Grace Passô; *Jacy*, de Henrique Fontes, Pablo Capistrano e Iracema Macedo; *Caranguejo overdrive*, de Pedro Kosovski; *Maré* e, também, *Vida*, de Marcio Abreu; *Mateus 10*, de Alexandre Dal Farra; *Ovo*, de Renato Forin Jr.;

Adaptação, de Gabriel F.; e *Ramal 340*, de Jezebel de Carli, que serão dirigidos por artistas franceses.

Essa iniciativa convida a pensar sobre o papel do Núcleo no campo das artes cênicas, sobre seu comprometimento e interesse na produção artística. Temos, ao longo dos anos, promovido ações que contribuem para a criação, difusão, formação e divulgação das artes da cena, assumindo o papel de uma plataforma dinâmica na qual se cruzam diferentes atividades.

A chegada à segunda edição do projeto poderia sugerir uma conclusão, o porto seguro das incertezas da primeira experiência. Mas, pelo contrário, renovam-se expectativas. É das inquietações que fazemos nossa nova aventura, força que nos anima.

Núcleo dos Festivais Internacionais de Artes Cênicas do Brasil

Cena Contemporânea – Festival Internacional de Teatro de Brasília

Festival Internacional de Artes Cênicas da Bahia – FIAC Bahia

Festival Internacional de Londrina – FILO

Festival Internacional de Teatro de São José do Rio Preto – FIT Rio Preto

Mostra Internacional de Teatro de São Paulo – MITsp

Porto Alegre em Cena – Festival Internacional de Artes Cênicas

RESIDE_FIT/PE – Festival Internacional de Teatro de Pernambuco

TEMPO_FESTIVAL – Festival Internacional de Artes Cênicas do Rio de Janeiro

CIP-BRASIL. CATALOGAÇÃO-NA-FONTE
SINDICATO NACIONAL DOS EDITORES DE LIVROS, RJ

G13o
Gahmi, Riad, 1980-
Onde e quando nós morremos: comédia política, sombria e de direita / RiadGahmi; tradução de Grupo Carmin. – 1. ed. – Rio de Janeiro : Cobogó, 2019.

100 p.; 19 cm. (Dramaturgia francesa; 3)

Tradução de: Où et quand nous sommes morts
ISBN 978-85-5591–082-1

1. Teatro francês (Literatura). I. Grupo Carmin. II. Título. III. Série.

19-58058

CDD: 842
CDU: 82-2(44)

Vanessa Mafra Xavier Salgado- Bibliotecária- CRB-7/6644

Nesta edição, foi respeitado o Acordo Ortográfico da Língua Portuguesa de 1990, que entrou em vigor no Brasil em 2009.

Todos os direitos em língua portuguesa reservados à
Editora de Livros Cobogó Ltda.
Rua Jardim Botânico, 635/406
Rio de Janeiro – RJ – 22470-050
www.cobogo.com.br

© Editora de Livros Cobogó

Texto
Riad Gahmi

Tradução
Grupo Carmin

Editora-chefe
Isabel Diegues

Editora
Natalie Lima

Gerente de produção
Melina Bial

Revisão da tradução
Sofia Soter

Revisão
Eduardo Carneiro

Capa
Radiográfico

Projeto gráfico e diagramação
Mari Taboada

A Coleção Dramaturgia Francesa
faz parte do projeto
Nova Dramaturgia Francesa e Brasileira

Idealização
Márcia Dias

Direção artística e de produção Brasil
Márcia Dias

Direção artística França
Arnaud Meunier

Coordenação geral Brasil
Núcleo dos Festivais Internacionais
de Artes Cênicas do Brasil

Publicação dos autores
brasileiros na França
Éditions D'ores et déjà

É A VIDA, de Mohamed El Khatib
Tradução Gabriel F.

FIZ BEM?, de Pauline Sales
Tradução Pedro Kosovski

ONDE E QUANDO NÓS MORREMOS, de Riad Gahmi
Tradução Grupo Carmin

PULVERIZADOS, de Alexandra Badea
Tradução Marcio Abreu

EU CARREGUEI MEU PAI SOBRE OS OMBROS, de Fabrice Melquiot
Tradução Alexandre Dal Farra

HOMENS QUE CAEM, de Marion Aubert
Tradução Renato Forin Jr.

PUNHOS, de Pauline Peyrade
Tradução Grace Passô

QUEIMADURAS, de Hubert Colas
Tradução Jezebel de Carli

COLEÇÃO DRAMATURGIA FRANCESA

A PAZ PERPÉTUA, de Juan Mayorga
Tradução Aderbal Freire-Filho

ATRA BÍLIS, de Laila Ripoll
Tradução Hugo Rodas

COLEÇÃO DRAMATURGIA ESPANHOLA

CACHORRO MORTO NA LAVANDERIA: OS FORTES, de Angélica Liddell
Tradução Beatriz Sayad

CLIFF (PRECIPÍCIO), de José Alberto Conejero
Tradução Fernando Yamamoto

DENTRO DA TERRA, de Paco Bezerra
Tradução Roberto Alvim

MÜNCHAUSEN, de Lucía Vilanova
Tradução Pedro Brício

NN12, de Gracia Morales
Tradução Gilberto Gawronski

O PRINCÍPIO DE ARQUIMEDES, de Josep Maria Miró i Coromina
Tradução Luís Artur Nunes

OS CORPOS PERDIDOS, de José Manuel Mora
Tradução Cibele Forjaz

APRÈS MOI, LE DÉLUGE (DEPOIS DE MIM, O DILÚVIO), de Lluïsa Cunillé
Tradução Marcio Meirelles

ALGUÉM ACABA DE MORRER LÁ FORA, de Jô Bilac

NINGUÉM FALOU QUE SERIA FÁCIL, de Felipe Rocha

TRABALHOS DE AMORES QUASE PERDIDOS, de Pedro Brício

NEM UM DIA SE PASSA SEM NOTÍCIAS SUAS, de Daniela Pereira de Carvalho

OS ESTONIANOS, de Julia Spadaccini

PONTO DE FUGA, de Rodrigo Nogueira

POR ELISE, de Grace Passô

MARCHA PARA ZENTURO, de Grace Passô

AMORES SURDOS, de Grace Passô

CONGRESSO INTERNACIONAL DO MEDO, de Grace Passô

IN ON IT | A PRIMEIRA VISTA, de Daniel MacIvor

INCÊNDIOS, de Wajdi Mouawad

CINE MONSTRO, de Daniel MacIvor

CONSELHO DE CLASSE, de Jô Bilac

CARA DE CAVALO, de Pedro Kosovski

GARRAS CURVAS E UM CANTO SEDUTOR, de Daniele Avila Small

OS MAMUTES, de Jô Bilac

INFÂNCIA, TIROS E PLUMAS, de Jô Bilac

NEM MESMO TODO O OCEANO, adaptação de Inez Viana do romance de Alcione Araújo

NÔMADES, de Marcio Abreu e Patrick Pessoa

CARANGUEJO OVERDRIVE, de Pedro Kosovski

BR-TRANS, de Silvero Pereira

KRUM, de Hanoch Levin

MARÉ/PROJETO bRASIL, de Marcio Abreu

AS PALAVRAS E AS COISAS, de Pedro Brício

MATA TEU PAI, de Grace Passô

ÃRRÃ, de Vinicius Calderoni

JANIS, de Diogo Liberano

NÃO NEM NADA, de Vinicius Calderoni

CHORUME, de Vinicius Calderoni

GUANABARA CANIBAL, de Pedro Kosovski

TOM NA FAZENDA, de Michel Marc Bouchard

OS ARQUEÓLOGOS, de Vinicius Calderoni

ESCUTA!, de Francisco Ohana

ROSE, de Cecilia Ripoll

O ENIGMA DO BOM DIA, de Olga Almeida

A ÚLTIMA PEÇA, de Inez Viana

BURAQUINHOS OU O VENTO É INIMIGO DO PICUMÃ, de Jhonny Salaberg

PASSARINHO, de Ana Kutner

INSETOS, de Jô Bilac

A TROPA, de Gustavo Pinheiro

A GARAGEM, de Felipe Haiut

SILÊNCIO.DOC, de Marcelo Varzea

PRETO, de Grace Passô, Marcio Abreu e Nadja Naira

MARTA, ROSA E JOÃO, de Malu Galli

MATO CHEIO, de Carcaça de Poéticas Negras

YELLOW BASTARD, Diogo Liberano

SINFONIA SONHO, Diogo Liberano

2019
_____

1ª impressão

Este livro foi composto em Univers.
Impresso pela gráfica Stamppa
sobre papel Pólen Bold LD 70g/m².